W0327330

Wildpferde

Freiheit auf vier Beinen

EDITION
Quadra
im Tecklenborg Verlag

Während das Fohlen in den ersten Wochen engen Kontakt zur Mutter hält, beginnt es danach vermehrt auch mit anderen Familienmitgliedern Kontakt aufzunehmen – vor allem natürlich mit Altersgenossen.

Etwa zwei Wochen nach der Geburt werden die Stuten wieder rossig. Um zu vermeiden, dass der Hengst seinen eigenen Nachwuchs bespringt, wechseln die Deckhengste im Merfelder Bruch alle 3 Jahre.

Jedes Jahr Ende Mai wird es voll im Merfelder Bruch: Bis zu 15.000 Besucher kommen dann, um das einmalige Spektakel des Wildpferdefangs anzuschauen.
Aber auch für die Pferde wird es eng: Unter dem Donnern tausender Hufe vibriert der Boden, wenn die Herde zum Einfangen der Jährlingshengste in die Arena getrieben wird.
Nötig ist dies um Rivalenkämpfe und unkontrollierte Zucht zu vermeiden und so gibt es trotz mancher Gegenwehr für die Junghengste kein Entkommen.
Mit dem Brandzeichen der Herzöge von Croÿ versehen, verlassen sie nach der anschließenden Versteigerung die Wildpferdebahn.

Nach dem ereignisreichen Tag des Pferdefangs kehrt wieder Ruhe ein im Merfelder Bruch und die Pferde genießen die letzte Abendsonne.

Das riesige Gelände des etwa 350 ha großen Naturschutzgebietes besteht etwa zur Hälfte aus Weide und Wald. Je nach Jahreszeit wechseln auch die Lieblingsplätze der Pferde.

Selbst das herannahende Gewitter kann die genügsamen Pferde nicht aus der Ruhe bringen. Durch Körperbau, Wuchs und die Beschaffenheit des Fells haben sie sich im Laufe der Zeit optimal an die hiesigen Witterungsverhältnisse angepasst.

Im Herbst, wenn das Nahrungsangebot auf den Wiesen knapper wird, ziehen die Pferde in die Wälder.

In den Wäldern finden sie Knospen, junge Triebe und Rinde als Nahrung.

Im Bereich der Wurzelanläufe beginnend schaffen sie es sogar, ältere Eichen ganz zu schälen, die dadurch oft absterben.

Oft ruhen die Pferde, indem sie stehend vor sich hindösen. Dazu stellen sie ein Hinterbein mit der Hufspitze auf, senken den Kopf leicht ab und schließen die Augenlieder ein wenig. Sehr junge Fohlen ruhen sich dabei immer in der Nähe der Mutter aus.

Bei längerem Betrachten erkennt man innerhalb der Herde Familienverbände, in denen sich das eigentliche Leben der Pferde abspielt. Als Herdentier ist es dem Pferd angeboren, streng sozial strukturiert zu leben.

Familienweise wird eine Futterstelle aufgesucht oder wie hier geruht – aber immer ohne dabei aus dem großen Herdenverband auszubrechen, der den Kleingruppen Schutz und Sicherheit gibt.

Der Inhalt dieses Buches wurde auf Papier mit
chlorfrei gebleichtem Zellstoff gedruckt.

Die Deutsche Bibliothek – CIP-Einheitsaufnahme

1. Auflage 2005
© 2005 by Tecklenborg Verlag, Steinfurt
Gesamtherstellung: Druckhaus Tecklenborg, Steinfurt.
Alle Rechte vorbehalten
ISBN 3-934427-88-X

Fotos:
Bernd Lamm